Ocultismo Prático

6ª edição

Ocultismo Prático

H.P. Blavatsky

Tradução
Edvaldo Batista de Souza

Revisão Técnica
Ricardo Lindemann

Editora Teosófica

Brasília-DF

Título do original em inglês:
Practical Occultism

The Theosophical Publishing House
Adyar, Chennai (Madras), 600 020, Índia

1ª edição em inglês, 1948

Editora Teosófica, 2024

EDITORA TEOSÓFICA
SIG - Qd. 6 - Nº 1235
CEP: 70610-460, Brasília-DF
Fone: (61) 3322-7843
editorateosofica@editorateosofica.com.br
www.editorateosofica.com.br
Instagram: *@editorateosofica*
Whatsapp: 61 98613-4906

B645 **Ocultismo Prático**
H.P. Blavatsky

Brasília, 6ª ed., 2024

ISBN 85-85961-74-0

Assunto: 1. Ocultismo
2. Teosofia

CDU 141.332

Capa:
Marcelo Ramos
Diagramação:
Reginaldo Mesquita
Revisão Editorial:
Zeneida Cereja da Silva
Impressão: Gráfika Papel e Cores
comercial@grafikapapelecores.com.br

Sumário

Prólogo da Edição Brasileira

É uma honra para a Editora Teosófica apresentar esta tradução da obra clássica de H.P. Blavatsky, *Ocultismo Prático*.

Por motivos editoriais preferiu-se antecipar o capítulo "Algumas Sugestões Práticas para a Vida Diária", que na versão original em inglês era o último capítulo e nesta passou a ser o primeiro.

Acrescentou-se, também, uma Nota Introdutória ao capítulo "Ocultismo Prático", visando uma melhor compreensão do contexto histórico do conteúdo.

Os Editores

Prefácio

As citações de que é composto o artigo seguinte não foram originalmente extraídas com vistas à publicação, podendo por isso parecer algo desconexas.

Foram primeiramente publicadas como uma *Seleta Teosófica,* na esperança de que os leitores aproveitassem as sugestões e fizessem eles mesmos seus livros de citações diárias a partir de excertos, preservando dessa maneira um registro duradouro dos livros lidos e tornando a sua leitura de valor prático. Seguindo este plano, o leitor poderia resumir o essencial do livro, segundo o que lhe tivesse chamado a atenção.

O método de ler uma série de citações a cada manhã, tentando viver durante o dia segundo as citações lidas, e meditando sobre as mesmas nos momentos livres, também se sugere como proveitoso para o estudante sério.

Algumas Sugestões Práticas para a Vida Diária

1

Levanta cedo, logo que tenhas despertado, sem ficar deitado indolentemente na cama, meio sonolento e meio desperto. Então reza com fervor pedindo para que toda a Humanidade possa ser regenerada espiritualmente, que aqueles que estão lutando no caminho da verdade possam ser encorajados por tuas preces, que trabalhem com mais ardor e que obtenham sucesso, e que tu possas ser fortalecido e não ceder às seduções dos sentidos. Imagina mentalmente a figura de teu Mestre em estado de *Samadhi*. Fixa essa imagem diante de ti, preenche-a com todos os detalhes, pensa nele com reverência, e reza para que todos os erros de omissão e comissão possam ser perdoados. Isso facilitará grandemente a concentração, purificará o teu coração, e muito mais. *Ou então reflete sobre as fraquezas do teu caráter: compreende plenamente os males e os prazeres passageiros que elas te proporcionam,* e quere firmemente fazer tudo quanto possas para não ceder a elas da próxima vez. Esta auto-análise e o apresentar a ti mesmo perante o tribunal de tua própria consciência facilita, em um grau até agora não imaginado, o teu progresso espiritual. Quando estiveres tomando banho, exercita, durante todo o tempo, a tua vontade, para que as tuas impurezas morais sejam levadas pela água juntamente com as demais impurezas do teu corpo. Em teu relacionamento com os outros, observa as seguintes regras.

1. Nunca faças aquilo que não estejas comprometido a fazer como teu dever; isto é, nunca faças qualquer coisa desneces-

sária. *Antes* de fazer algo, pensa se é teu dever fazê-lo.

2. *Nunca digas uma palavra desnecessária*. Pensa nos efeitos que tuas palavras podem produzir antes de pronunciá-las. *Nunca te permitas violar teus princípios por força de tuas companhias.*

3. Nunca permitas que qualquer pensamento desnecessário ou vão ocupe a tua mente. Isso é mais fácil de dizer do que fazer. Não podes esvaziar tua mente

de uma só vez. Por isso, no início, tenta evitar pensamentos maus ou ociosos, antes ocupando a tua mente com a análise de tuas próprias faltas, ou com a contemplação daqueles que são Perfeitos.

4. Durante as refeições exercita a tua vontade, de modo a que o teu alimento seja apropriadamente digerido a fim de formar para ti um corpo em harmonia com tuas aspirações espirituais, que não gere paixões maléficas

e maus pensamentos. Come apenas quando tiveres fome e bebe apenas quando tiveres sede, *nunca de outro modo*. Se um prato especial atrai o teu paladar, não te permitas ser seduzido a comê-lo para satisfazer aquele desejo ardente. Lembra-te de que o prazer não existia alguns segundos antes, e que cessará de existir alguns segundos depois; de que é um prazer transitório, e que aquilo que agora é um prazer irá tornar-se dor se tu o ingerires em demasia; de que dá prazer apenas à língua; lembra-te de que se te afligires em demasia para obter tal prato, e te permitires ser seduzido por ele, não terás qualquer tipo de pudor para consegui-lo; de que uma vez que existe outro objeto que te possa trazer felicidade eterna, convergir teus desejos para algo transitório é pura tolice; de que *tu* não és nem o corpo nem os sentidos, e portanto o prazer e as dores que *eles* experimentam jamais poderão realmente te afetar, e assim por diante. Pratica a mesma série de raciocínios no caso de qualquer outra tentação, e ainda que venhas a falhar muitas vezes, mesmo assim, com toda a certeza, chegarás ao êxito. *Não leias em demasia*. Se leres por dez minutos, reflete por outras tantas horas. Habitua-te à solidão e a permanecer só com os teus pensamentos.

Acostuma-te ao pensamento de que *ninguém além de ti pode dar-te assistência,* e desapega-te de tuas afeições em relação a todas as coisas gradualmente. Antes de dormir, reza como fizeste pela manhã. *Faz uma revisão das ações do dia,* vê onde tu falhaste e resolve então que não falharás nas mesmas coisas amanhã[1].

---

[1] *The Theosophist*, ago. 1889, p. 647.

2

O motivo correto para a busca do autoconhecimento é aquele que pertence ao *conhecimento* e não ao *eu.* O autoconhecimento vale a pena ser buscado em virtude de ser conhecimento, e não em virtude de pertencer ao eu. O principal requisito para a aquisição do autoconhecimento é *o amor puro*. Busca o conhecimento por puro amor, e o autoconhecimento finalmente coroará o teu esforço. O fato de um estudante progredir com impaciência é a prova evidente de que ele trabalha por recompensa, e não por amor, o que por seu turno prova que ele não merece a grande vitória que está reservada para aqueles que realmente trabalham por puro amor.[2]

O "Deus" em nós – isso é, o Espírito de Amor e Verdade, Justiça e Sabedoria, Bondade e Poder –

[2] *The Theosophist*, ago. 1889, p. 663.

deve ser o nosso único, verdadeiro e permanente *Amor,* nossa única confiança em tudo, nossa única *Fé*, em que, permanecendo tão firme como uma rocha, podemos confiar para sempre; nossa única *Esperança*, que nunca nos abandonará mesmo que tudo o mais pereça; e a única coisa que temos de procurar obter, com nossa Paciência, esperando com contentamento até que o nosso mau Carma tenha se extinguido, quando então o divino Redentor nos revelará sua presença dentro de nossa alma. A porta através da qual Ele entra é chamada *Contentamento*; pois aquele que está descontente consigo mesmo está descontente com a lei que o fez tal como ele é; e como Deus é *Ele mesmo* a Lei, Deus não se manifestará àqueles que estão descontentes com Ele.[3] Se admitirmos que estamos na corrente da evolução, então *cada* circunstância *deve* ser considerada totalmente justa para nós. E o fracasso de nosso desempenho

[3] *Theosophical Siftings*, nº 8, Vol. II, p. 9, Hartmann.

numa linha de ação deveria ser considerado a nossa maior ajuda, pois não podemos aprender de nenhum outro modo aquela serenidade na qual insiste Krishna. Se todos os nossos planos fossem bem-sucedidos, então nenhum contraste se apresentaria a nós. Também aqueles planos assim feitos, poderiam estar baseados em nossa ignorância e, portanto, ser errôneos, de modo que a bondosa Natureza não nos permitirá realizá-los. Não somos culpados pelo plano, mas através da não-aceitação de sua realização, podemos adquirir demérito cármico. Se tu, por qualquer motivo, encontra-te abatido, então, na mesma proporção, os teus pensamentos enfraquecerão em poder. *Pode-se estar confinado numa prisão e ainda assim ser um trabalhador pela causa.* Desta forma, rogo-te para tirar de tua mente qualquer desgosto pelas circunstâncias presentes. Se conseguires olhar para tudo isso *justamente como sendo aquilo que tu*[4] *de fato desejaste*, então isso não apenas

[4] *"Tu"*, no sentido de Eu Superior. *Somos* como fazemos a nós mesmos.

fortalecerá os teus pensamentos, como também atuará reflexivamente sobre o teu corpo, tornando-o mais forte.[5]

Agir, e agir sabiamente quando chegar o tempo da ação, esperar, e esperar pacientemente, quando for tempo para repouso, põe o homem em harmonia com os altos e baixos das marés (da vida), e deste modo, tendo a lei e a Natureza como seu respaldo, e a verdade e a caridade

---

[5] *Path*, ago. 1889, p.131.

como farois luminosos a lhe indicarem o caminho, ele poderá realizar maravilhas. A ignorância desta lei resulta em períodos de entusiasmo irracional de um lado, e depressão e até mesmo desespero do outro. O homem torna-se assim vítima de suas flutuações, quando deveria ser o Senhor delas.[6]

Tem paciência, Candidato, como alguém que não teme fracassos nem corteja êxitos.[7]

---

[6] *Path*, jul. 1889, p. 107.

[7] *A Voz do Silêncio*, aforismo 137.

A energia acumulada não pode ser aniquilada, deve ser transferida para outras formas, ou ser transformada em outros tipos de movimento; ela não pode permanecer para sempre inativa e ainda assim continuar a existir. É inútil tentar *resistir* a uma paixão que não podemos controlar. Se a sua energia acumulada não for conduzida para outros canais, crescerá até que se torne mais forte que a vontade, e mais forte que a razão. *Para controlá-la,* tu tens de conduzi-la para um outro canal *superior*. Desse modo, o amor por alguma coisa vulgar pode ser modificado, transformando-o em amor por algo elevado, e o *vício pode ser transmutado em virtude, se o seu curso for alterado*. A paixão é cega, vai para onde for conduzida, e a razão é um guia mais seguro para ela que o instinto. A ira contida (ou o amor) acabará por *descobrir* algum objeto sobre o qual descarregar sua fúria, de outro modo poderá produzir uma explosão que destruirá o seu agente; *após a tempestade vem a bonança.* Os antigos diziam que a Natureza tem aversão ao vácuo. Não podemos destruir ou aniquilar uma paixão. Se ela for expulsa, uma outra influência elemental tomará o seu lugar. Não deveríamos, portanto, tentar destruir o inferior sem pôr algo em seu lugar, mas de fato deveríamos substituir o inferior pelo superior; o vício pela virtude, e a superstição pelo conhecimento.[8]

---

[8] *Magic*, p. 126, Hartmann

3

Aprende que não há cura para o desejo, que não há cura para a busca de recompensa, que não há cura para o sofrimento de estar ansioso por algo, a não ser fixando a visão e a audição naquilo que é invisível e inaudível.[9]

O homem tem de acreditar na sua capacidade inata de progredir; não deve se atemorizar ao consi-

---

[9] COLLINS, Mabel. *Luz no Caminho*; Carma. Brasília, Ed. Teosófica, 1999. p. 107. (N. ed. bras.)

derar a grandeza da sua natureza superior nem se deixar arrastar pelo seu eu inferior ou material.[10]

Todo o passado nos mostra que as dificuldades não devem servir de desculpa para o desânimo, muito menos para o desespero, de outro modo o mundo não teria as muitas maravilhas da civilização.[11]

A força de vontade para seguir adiante é a primeira necessidade

---

[10] *Comentários Sobre Luz no Caminho.*
[11] *Through de Gates of Gold.*

daquele que escolheu seu caminho. Onde pode ela ser encontrada? Olhando-se ao redor não é difícil ver onde outros homens encontram sua força. A sua fonte é a convicção profunda.[12]

Abstém-te porque é correto o abster-se – não para te conservares limpo.[13]

O homem que luta contra si mesmo e vence a batalha só pode fazê-lo quando sabe que naquela

---

[12] Op. Cit., p.87.

[13] COLLINS, Mabel. *Luz no Caminho.* Brasília, Ed. Teosófica, 1999. pp. 38-9.

luta ele está fazendo aquilo que vale a pena ser feito.[14]

"Não resistas ao mal", isto é, não te queixes nem te irrites com as vicissitudes inevitáveis da vida. *Esquece de ti mesmo* (servindo aos outros). Se os homens maltratam, perseguem ou enganam os seus semelhantes, por que resistir? Na resistência criamos males ainda maiores. [15]

---

[14] *Through the Gates of Gold,* p. 118.
[15] *Path,* ago. 1887, p. 151.

O trabalho imediato, qualquer que seja, tem implícito o clamor do dever, e a sua relativa importância ou não-importância não deve ser, em absoluto, considerada.[16]

O melhor remédio para o mal não é a repressão, mas a eliminação do desejo, e isso pode ser melhor alcançado mantendo-se a mente constantemente fixa em coisas divinas. O conhecimento do Eu Superior é solapado quando se

[16] *Lúcifer*, fev. 1888, p. 478.

deixa a mente comprazer-se com os objetos dos sentidos desgovernados.[17]

Nossa própria natureza é tão vil, orgulhosa, ambiciosa, e tão cheia de seus próprios apetites, julgamentos e opiniões, que se as tentações não a dominassem, ela se deterioraria irremediavelmente; portanto somos tentados até o fim para que possamos conhecer a nós mesmos e ser humildes. Sabe que

---

[17] *Bhagavad-Gītā*, p. 60, (Todas as citações foram extraídas da tradução de Mohini).

a maior das tentações é a de não ter tentação alguma, por esse motivo alegra-te quando elas te assaltarem , e com resignação, paz e constância, resiste a elas.[18]

Sente que tu não tens que fazer nada para ti mesmo, mas que certas tarefas são designadas para ti pela Divindade, as quais tu tens de cumprir. *Deseja Deus, e não algo que Ele possa proporcionar-te.*[19]

---

[18] *Spiritual Guide*, Molinos.
[19] *Bhagavad-Gītā*, p. 182.

Tudo o que deva ser feito, *tem* de ser feito, mas não com o propósito de satisfazer-se com o fruto da ação.[20]

Se todas as ações de uma pessoa forem executadas com a plena convicção de que não têm qualquer valor para o agente, mas que devem ser efetuadas simplesmente porque *têm de* ser feitas – em outras palavras, porque está em nossa natureza agir – então a perso-

[20] *Bhagavad-Gītā*, Introdução.

nalidade egoísta em nós se enfraquecerá cada vez mais, até que chegue a apaziguar-se, permitindo ao conhecimento revelar o Eu Verdadeiro a brilhar em todo seu esplendor. Não se deve permitir que a alegria ou a dor afaste a pessoa de seu firme propósito.[21]

Até que o Mestre te escolha para vir a Ele, *esteja* com a Humanidade, trabalhando de modo altruísta pelo seu progresso e

---

[21] *Comentários Sobre Luz no Caminho.*

evolução. Somente isto pode trazer verdadeira satisfação.[22]

O conhecimento aumenta na proporção de seu *uso* – isto é, quanto mais ensinamos mais aprendemos. Portanto, Buscador da Verdade, com a *fé* de uma criancinha e a vontade de um Iniciado, compartilha daquilo que tens com aquele que nada possui para confortá-lo em sua jornada.[23]

---

[22] *Path*, dez. 1886, p. 279.
[23] *Path*, dez. 1886, p. 280.

Um discípulo tem de reconhecer de maneira inequívoca que a própria ideia de direitos individuais nada mais é que a manifestação da natureza venenosa da serpente do eu. Ele jamais deverá considerar outro homem como alguém passível de ser criticado ou condenado, nem tampouco poderá o discípulo elevar sua voz em autodefesa ou desculpa.[24]

[24] *Lúcifer*, jan. 1883, p. 832.

Nenhum homem é teu inimigo; nenhum homem é teu amigo. Todos são igualmente teus instrutores.[25]

Não mais se deve trabalhar para ganhar qualquer *benefício*, temporal ou espiritual, mas tão somente para cumprir a lei da existência que é a justa vontade de Deus. [26]

---

[25] COLLINS, Mabel. *Luz no Caminho.* Brasília, Ed. Teosófica, 1999. p. 84. (N. ed. bras.)

[26] *Bhagavad-Gītā,* Introdução.

4

Não vivas nem no presente nem no futuro, mas sim no *eterno*. A gigantesca erva daninha (do mal) lá não pode florescer; a própria atmosfera do pensamento eterno apaga esta mancha da existência.[27] A pureza do coração é uma condição necessária para o atingimento do "Conhecimento do Espírito". Há

---

[27] COLLINS, Mabel. *Luz no Caminho*. Brasília, Ed. Teosófica, 1999. pp. 35-6. (Regra 4) (N. ed. bras.)

dois meios principais pelos quais essa purificação pode ser atingida. Em primeiro lugar, afasta persistentemente todo mau pensamento; e em segundo, mantém a mente tranquila sob quaisquer condições, *nunca te agitando ou te irritando por qualquer coisa.* Descobrir-se-á, assim, que estes dois meios de purificação são melhor estimulados pela *devoção* e pela *caridade. Não* devemos nos manter ociosos, sem tentar fazer alguma coisa para progredir, só porque não nos sentimos puros. *Que todos tenham aspirações,* e que trabalhem com o devido empenho; no entanto, devem trabalhar no reto caminho, cujo primeiro passo é purificar o coração.[28]

A mente precisa de purificação sempre que sentir ira ou que uma mentira seja contada, ou as *faltas de terceiros sejam desnecessariamente reveladas*; sempre que algo seja dito ou feito com o propósito de bajulação, ou que

[28] *The Theosophist,* out. 1888, p. 44.

alguém seja enganado pela insinceridade de uma palavra ou ação.[29]

Aqueles que aspiram pela salvação devem evitar a luxúria, a ira e a cobiça, e devem cultivar uma corajosa obediência às Escrituras, estudar Filosofia Espiritual, e cultivar a *perseverança* na sua realização prática.[30]

Aquele que se deixa levar por motivos egoístas não pode entrar num Céu onde os motivos pessoais

[29] *Bhagavad-Gītā*, p. 325.
[30] *Ibid.*, p. 240.

não existem. *Aquele que não se preocupa com o Céu, mas que se sente contente onde se encontra, já está no Céu*, enquanto que o descontente irá clamar pelo Céu em vão. Não ter desejos pessoais é estar livre e feliz, e a palavra "Céu" não pode significar outra coisa a não ser um estado no qual a liberdade e a felicidade existam. O homem que pratica ações benéficas motivado por uma expectativa de recompensa não fica feliz a não ser que a recompensa seja obtida, e uma vez obtida essa recompensa, a sua felicidade cessa. Não pode haver descanso e felicidade permanentes enquanto houver algum trabalho a ser feito, e que não tenha sido realizado, sendo que o cumprimento do dever traz sua própria recompensa.[31]

Aquele que se considere mais santo que os outros, aquele que tenha qualquer orgulho por estar isento de vícios ou insensatez,

---

[31] *Magic*, Introd., p. 34, Hartmann.

aquele que se crê sábio, ou de qualquer maneira superior ao seu próximo, está incapacitado para o discipulado. Um homem tem que se tornar como que uma criancinha antes de poder entrar no Reino dos Céus. A virtude e a sabedoria são coisas sublimes, mas se elas criarem orgulho e uma consciência de separatividade em relação ao restante da Humanidade, então serão apenas as serpentes do eu reaparecendo de uma forma mais sutil. O sacrifício ou a entrega do *coração* do homem *e suas emoções* é a primeira das regras; envolve "o atingimento de um equilíbrio que não pode ser perturbado pelas emoções pessoais." Põe, sem demora, tuas boas intenções em prática, nunca permitindo que nem sequer uma delas permaneça apenas como uma intenção. Nosso único rumo verdadeiro é deixar que o motivo para a ação esteja na ação em si mesma, jamais na sua recompensa; não ser incitado à ação pela expectativa do resultado, e nem tão pouco ceder à propensão à inércia.

Através da *fé*[32] o *coração* é purificado das paixões e da insensatez; daí surge o domínio do *corpo*, e, *por último*, a subjugação dos sentidos.[33]

As características do sábio iluminado são, *em primeiro lugar*, que ele está liberto de todos os de-

---

[32] Isto é, *conhecimento*, e este surge pela prática do altruísmo e da bondade.

[33] *Bhagavad-Gītā*, p. 95.

sejos,[34] e *sabe* que somente o verdadeiro Ego ou Supremo Espírito é bem-aventurança, e que tudo o mais é dor. *Em segundo,* que ele está livre de apego ou repulsão com relação a qualquer coisa que lhe aconteça, e que age sem intenção. *Finalmente,* vem a subjugação dos *sentidos*, que é inútil, e frequentemente prejudicial, dando origem

[34] Isto pode ser mais facilmente alcançado, mantendo-se a mente constantemente voltada para as coisas divinas.

à hipocrisia e ao orgulho espiritual, quando destituída do segundo, e que por sua vez não tem muita utilidade quando destituída do primeiro.[35]

Aquele que não pratica o altruísmo, aquele que não está preparado para dividir sua última porção[36] com alguém mais pobre ou mais fraco do que ele, aquele

---

[35] *Bhagavad-Gītā*, p. 61.

[36] Isto deve ser interpretado no seu mais amplo sentido, i.e., conhecimento espiritual, etc.

que negligencia em ajudar seu próximo, qualquer que seja sua raça, nação, ou credo, *quando e onde quer que* encontre sofrimento, e que faz ouvidos moucos ao clamor da miséria humana; aquele que ouve uma pessoa inocente ser caluniada, e que não toma a sua defesa como defenderia a si mesmo, *não é um teósofo.*

5

Ninguém age corretamente ao abandonar o cumprimento dos

inequívocos deveres da vida, baseados no mandamento Divino. Aquele que cumpre seus deveres por pensar que se eles *não* forem cumpridos algum malefício lhe sobrevirá, ou que o seu cumprimento removerá dificuldades do seu caminho, trabalha pelos resultados. Os deveres devem ser cumpridos simplesmente por terem sido mandados por Deus, que pode a qualquer momento ordenar que se lhes abandone. Enquanto não tivermos reduzido a inquietação da nossa natureza à tranquilidade, teremos de trabalhar, consagrando à Deidade todos os frutos de nossa ação e atribuindo-Lhe o poder de executar as tarefas corretamente. A *verdadeira* vida do homem é *paz em identidade com o Supremo Espírito*.

Esta vida não é trazida à existência por qualquer ato nosso, é uma realidade, "a verdade", e é *completamente independente de nós.* A compreensão da irrealidade de tudo que parece se opor a esta verdade é uma nova consciência e não uma ação. A libertação do homem não está de modo algum relacionada às suas ações. Na medida em que as ações promovem a compreensão de nossa total inabilidade para emancipar a nós mesmos da existência condicionada, elas são úteis; após a compreensão desse estágio, as ações se tornam mais obstáculos do que auxílio. Aqueles que trabalham em obediência aos mandamentos Divinos, sabendo que o poder para assim trabalhar é um dom de Deus, e que não é uma parte da natureza autoconsciente do homem, alcançam a liberdade em relação à necessidade de ação. E então o coração puro é preenchido pela verdade, e é percebida a identidade com a Deidade. O homem tem de primeiramente se livrar da ideia de que *ele* realmente faz alguma coisa, sabendo que todas as ações ocorrem nas "três qualidades da natureza"[37] e *de modo algum* na alma.

[37] Isto é, os três *gunas*.

Então ele tem de estabelecer todas as suas ações na *devoção*. Isto é, sacrificar todas as suas ações ao Supremo e não a si mesmo. Ou *ele próprio* se arvora no Deus a quem são consagrados os seus sacrifícios, ou os consagra ao *outro* verdadeiro Deus – Ishvara; e todos os seus atos e aspirações são dedicados ou para si mesmo ou para o Todo. *Aqui se evidencia a importância do motivo*. Pois se ele realiza grandes obras de valor, ou de benefício para a Humanidade, ou adquire conhecimento para poder dar assistência a seu próximo, e é movido a isso meramente porque pensa que assim alcançará a salvação, ele está agindo apenas para seu próprio benefício, e está portanto consagrando sacrifícios *para si mesmo.* Desta forma, ele tem de devotar-se internamente ao Todo; sabendo que *ele próprio não* é o agente das ações, mas a *mera testemunha* delas. Desde que está em um corpo mortal, ele é afetado por dúvidas que *irão* brotar repentinamente. Quando elas de fato surgem, é porque ele ignora algo. Ele deve para tanto, ser capaz de dispersar a dúvida "pela espada do conhecimento." Porque se ele dispõe de uma resposta pronta para alguma dúvida, nesta mesma proporção ele a dissipará. *Todas as dúvidas vêm da natureza inferior*, e *jamais* em qualquer caso da natureza superior. Por isso, à medida que ele cresce em *devoção,* é capaz de perceber cada vez mais claramente o conhecimento que reside em sua natureza *Sattvica* (bondade). Pois está dito: "Um homem que seja perfeito em *devoção* (ou que persiste em seu cultivo) espontaneamente descobre o conhecimento espiritual em si mesmo com o passar do tempo". E também: "Um homem com a mente cheia de dúvidas não desfruta nem deste mundo nem do outro (o mundo dos *Devas*), nem da beatitude final." A última frase é para destruir a ideia de que se há em nós esse Eu Superior ele irá, mesmo se formos indolentes e cheios de dúvidas, triunfar sobre a necessidade de conhecimento, conduzindo-nos à beatitude final junto com o fluxo evolutivo de toda a Humanidade.[38]

A verdadeira oração é a contemplação de todas as coisas sagradas, em sua aplicação a nós mesmos, às nossas vidas e ações diárias, acompanhada do mais

[38] *Path*, jul. 1889, p. 109.

pujante e intenso desejo de tornar sua influência mais forte e as nossas vidas melhores e mais nobres, de modo que algum conhecimento delas nos possa ser concedido. Todos esses pensamentos têm de estar intimamente ligados à consciência da Essência Suprema e Divina da qual todas as coisas se originaram.[39]

A cultura espiritual é alcançada através da *concentração*, e esta

---

[39] *Path*, ago. 1889, p. 159.

tem que ser continuada diariamente e *exercitada a cada momento. A meditação* já foi definida como "a cessação do pensamento ativo externo." *A concentração* é a orientação de toda a vida para um determinado fim. Por exemplo, uma mãe devotada é aquela que considera antes e sobretudo os interesses dos seus filhos em *todos* os seus aspectos; e não aquela que se senta para pensar fixamente todo o dia apenas em *um* destes aspectos. O pensamento tem o poder de se autorreproduzir, e quando a mente é mantida firmemente em uma ideia, ela se torna colorida por essa ideia, e, como pode-se dizer, todos os correlatos daquele pensamento surgem dentro da mente. É a partir daí que o místico obtém conhecimento acerca de qualquer objeto no qual ele pense constantemente em fixa contemplação. Eis a razão das palavras de Krishna: "Pensa constantemente em mim; depende somente de mim, e *tu certamente virás a mim*." A vida é o grande instrutor; é a grande manifestação da Alma, e a Alma manifesta o Supremo. Daí todos os métodos serem bons e serem todos apenas partes do grande objetivo, que é a Devoção. "A Devoção é o êxito na ação[40]", diz o *Bhagavad-Gītā*. Os poderes psíquicos, à medida que surgem, devem também ser usados,

[40] Também no *Bhagavad-Gītā* se encontra: "*Yoga* é habilidade na ação". BESANT, Annie. *A Doutrina do Coração.* Brasília, Ed. Teosófica, 1991. p. 87 (N. ed. bras.)

pois eles nos revelam leis. Mas o valor desses poderes não deve ser exagerado, nem os seus perigos ignorados. Aquele que se fia neles é como um homem que dá passagem ao orgulho e ao triunfo porque atingiu o primeiro patamar dos píncaros que ele se propôs escalar.[41]

6

É uma lei eterna que o homem não pode ser redimido por um poder

[41] *Path*, jul. 1889, p. 111.

exterior a si mesmo. Se isso tivesse sido possível, um anjo poderia há muito ter visitado a Terra, proferido verdades celestiais e, pela manifestação de faculdades de uma natureza espiritual, provado uma centena de fatos à consciência do homem os quais ele ignora.[42]

O crime é cometido pelo Espírito tão verdadeiramente quanto pelos atos do corpo. Aquele que por *qualquer* motivo odeia outras

[42] *Spirit of the Testament*, p. 508.

pessoas, que ama a vingança, que não perdoa uma injúria, está cheio do espírito de homicídio, mesmo que ninguém mais o saiba. Aquele que se curva diante de falsos credos, e submete sua consciência às imposições de qualquer instituição, blasfema sua própria alma divina e, portanto, "toma o nome de Deus em vão", ainda que nunca preste um juramento. Aquele que deseja meramente os prazeres dos sentidos, e está focado neles, dentro ou fora das relações conjugais, é o verdadeiro adúltero. Aquele que priva quaisquer de seus companheiros da luz, do bem, da ajuda, da assistência que ele possa sabiamente lhes oferecer, e que vive para o acúmulo de coisas materiais, para sua própria gratificação pessoal, é o verdadeiro ladrão; e aquele que rouba de seus companheiros a preciosa posse do caráter pela difamação ou por qualquer tipo de falsidade, não passa de um ladrão, e da pior espécie.[43]

---

[43] *Spirit of the Testament*, p. 513.

Se apenas os homens fossem honestos consigo mesmos e tivessem *uma disposição amável* com relação aos outros, ocorreria uma enorme mudança em seu julgamento quanto ao valor da vida e das coisas desta vida.[44]

DESENVOLVE O PENSAMENTO. Esforça-te, concentrando toda a força de tua alma para fechar a porta de tua mente a todos os pensamentos errantes, permi-

---

[44] *The Theosophist,* jul. 1889, p. 590.

tindo somente a entrada daqueles presumidamente capazes de revelar-te a irrealidade da vida dos sentidos e a Paz do Mundo Interno. Pondera dia e noite sobre a irrealidade de tudo que te rodeia e de ti mesmo. O surgimento de pensamentos *maus* é menos injurioso do que o de pensamentos ociosos e indiferentes; porque quanto aos pensamentos maus tu estás sempre em guarda e, tendo tu mesmo te determinado a lutar e vencê-los, esta determinação ajuda a desenvolver o poder da vontade. Pensamentos indiferentes, no entanto, servem apenas para distrair a atenção e desperdiçar energia. A primeira grande e fundamental ilusão que tu tens de vencer é a identificação de ti mesmo com o corpo físico. Começa por pensar neste corpo como nada mais do que a casa na qual tu tens de viver durante algum tempo, e depois disso tu jamais cederás às suas tentações. Tenta também com firme esforço conquistar as proeminentes fraquezas de tua natureza, pelo desenvolvimento de pensamentos naquela direção que permitirá eliminar cada paixão em particular. Após os teus primeiros esforços tu começarás a sentir um vácuo e um vazio indescritíveis em teu coração; não temas, mas considera isso como a suave aurora anunciando o nascimento do Sol da bem-aventurança espiritual. A tristeza não é um mal. Não te queixes; aquelas coisas que parecem ser obstáculos e sofrimentos muitas vezes são, em realidade, os misteriosos esforços da natureza para te ajudar em tua obra se tu puderes lidar com eles de modo apropriado. Considera *todas* as circunstâncias com a gratidão de um aprendiz.[45] Toda queixa é uma rebelião contra a lei de progresso. Aquilo que deve ser evitado é *o sofrimento que ainda não chegou*. O passado não pode ser modificado ou corrigido; aquilo que pertence às experiências do presente não pode e não *deve* ser

---

[45] *Theosophical Sifting*, nº 3, Vol. 2, 1889.

afastado; mas o que deve ser evitado são as *preocupações antecipadas* ou *temores pelo futuro* e cada ato ou impulso que possa causar sofrimento presente ou futuro a nós mesmos ou aos outros[46].

7

Não há nada mais valioso para um indivíduo do que possuir um

[46] *Yoga-Sūtras*, de Patanjali. (Vide TAIMNI, I.K. *A Ciência do Yoga*. Brasília, Ed. Teosófica, 1996. p. 139. af. II-16. N. ed. Bras.)

ideal elevado ao qual ele aspire continuamente, modelando por ele seus pensamentos e sentimentos, e construindo, assim, da melhor forma que possa, a sua vida. Desta forma, se ele esforça-se por *tornar-se* ao invés de apenas *parecer*, não cessará de aproximar-se continuamente e cada vez mais de seu objetivo. Ele, porém, não alcançará este ponto sem uma batalha, nem deverá o verdadeiro progresso do qual é consciente, enchê-lo de presunção e farisaísmo; pois se elevado for o seu ideal, e o seu progresso em sua direção for real, ele preferirá mais ser humilhado a ensoberbecer-se. As possibilidades de posterior progresso, e a concepção de planos ainda mais elevados de existência que se abrem ante ele, não refrearão o seu ardor, embora certamente eliminarão a sua presunção. É precisamente esta concepção das vastas possibilidades da vida humana que é necessária para aniquilar *l'ennui*[47],

[47] Significando: "o tédio", conforme a palavra francesa no original. (N.ed.bras.)

e para transformar a apatia em alegria de viver. Assim, vale a pena viver-se a vida pelo que ela é quando sua missão torna-se clara, e suas esplêndidas oportunidades são uma vez apreciadas. O modo mais direto e certo de alcançar este plano mais elevado é o cultivo do *princípio do altruísmo*, tanto *em pensamento quanto na vida*. Verdadeiramente estreita é a abrangência da visão que é limitada ao eu, e que mede todas as coisas pelo princípio do interesse próprio, pois enquanto a alma estiver assim autolimitada lhe é impossível conceber qualquer ideal elevado, ou aproximar-se de qualquer plano mais elevado da vida. As condições para tal elevação encontram-se mais no *interior* do que no exterior, e felizmente são independentes das circunstâncias e condições da vida. A oportunidade, assim, é oferecida a *todos* para avançarem em direção a planos cada vez mais elevados de existência, desse modo trabalhando com a Natureza na realização do evidente propósito da vida.[48]

Se acreditamos que o objetivo da vida é meramente satisfazer nosso eu material, e mantê-lo em conforto, e que o conforto material confere o mais elevado estado de felicidade possível, nós tomamos erroneamente o inferior pelo superior, e uma ilusão pela verdade. O nosso modo de vida material é uma consequência da

[48] *Man*, J. Buck, p. 106.

constituição material de nossos corpos. Nós somos "vermes da terra", porque nos apegamos a ela com todas as nossas aspirações. Se pudéssemos entrar num caminho de evolução, no qual nos tornássemos menos materiais e mais etéreos, um tipo muito diferente de civilização se estabeleceria. Coisas que agora parecem ser indispensáveis e necessárias deixariam de ser úteis; se pudéssemos transferir nossa consciência com a velocidade do pensamento de uma parte do globo à outra, os atuais meios de comunicação não mais seriam necessários. Quanto mais nos afundamos na matéria, tanto mais serão necessários meios materiais para nosso conforto; o *essencial* e poderoso deus no homem *não é material*, e é independente das restrições que pesam sobre a matéria. Quais são as *reais* necessidades da vida? A resposta a esta pergunta depende inteiramente do que imaginamos ser necessário. Estradas-de-ferro, navios a vapor, etc., são agora uma necessidade para nós, e ainda assim, em outras épocas, milhões de pessoas viveram felizes e longamente, nada sabendo a respeito destas coisas. Para um certo homem uma dúzia de castelos pode parecer uma necessidade indispensável, para outro um carro, para outro ainda um cachimbo, etc. *Mas todas essas necessidades são somente consideradas como tais na medida em que o próprio homem as criou.* Elas tornam o estado no qual o homem agora se encontra agradável para ele, e o tentam a permanecer naquele estado, e não desejar nada mais elevado. Elas podem até mesmo obstruir o seu desenvolvimento em vez de o fazer avançar. Todas as coisas materiais têm de cessar de tornar-se uma necessidade se nós verdadeiramente quisermos avançar espiritualmente. É *o ardente desejo e o desperdício de pensamento* visando o aumento dos prazeres da vida inferior que impedem o homem de entrar na vida superior. [49]

---

[49] *Magic,* Hartmann, p. 61.

Nota Introdutória

H. P. Blavatsky (1831-1891), precursora do Ocultismo Moderno e uma das fundadoras da Sociedade Teosófica (S.T.), foi também considerada fundadora da Nova Era[50], publicou o artigo *Ocultismo Prático* (que ali ela define como

[50] Vide CRANSTON, Sylvia. *Helena Blavatsky;* A Vida e a Influência Extraordinária da Fundadora do Movimento Teosófico Moderno. Brasília, Ed. Teosófica, 1997. p. 558.

"Ciência Oculta") na revista *Lúcifer* (literalmente: "O Portador da Luz") de abril de 1888, cuja repercussão foi tal que necessitou de outro artigo – *Ocultismo* Versus *Artes Ocultas* – publicado no mês seguinte, na citada revista, para oferecer maiores explanações sobre o tema. [Compreendendo que, na época, ainda não havia uma nomenclatura precisa e para evitar confusões nesta edição, preferimos preservar a definição do primeiro artigo de **"Ocultismo" como "Ciência Oculta" (no singular)** e, por antítese, traduzir **as diver-**

sas "ciências ocultas" (no plural) como "artes ocultas", como a própria autora parece ter preferido no segundo artigo, porém sempre referindo neste caso o original nas notas de rodapé].

Na sequência dos fatos, a autora publica em outubro de 1888, também na mesma revista, uma nota oficial referindo-se "à necessidade de formação de um Corpo de Estudantes Esotéricos, para ser organizado segundo as LINHAS ORIGINAIS delineadas pelos *reais* fundadores da S.T."[51], fundando assim a Seção Esotérica da S.T., no mesmo mês em que publicou *A Doutrina Secreta,* sua obra magna. No memorando preliminar da citada Seção ela afirma que **"seu propósito geral é preparar e adequar o estudante para o estudo do Ocultismo prático ou *Rāja-Yoga*".**[52]

---

[51] BLAVATSKY, H.P. *Collected Writings.* Adyar, Índia, The Theosophical Publishing House, 1964. v. X, p. 154.

[52] Ibidem, Wheaton, USA, T.P.H., 1998, v. XII, p. 488. (O negrito é nosso; N. ed. bras.)

Todavia, as regras desta Seção Esotérica são meramente preparatórias e muitíssimo mais suaves que as deste livro de Ocultismo Prático porque, como a própria autora compara: "... o Ocultismo prático é um estudo demasiado sério e perigoso para ser realizado sem a mais extrema dedicação, e sem que se esteja pronto a sacrificar *tudo, e a si mesmo em primeiro lugar,* para atingir seu objetivo. Mas isso não se aplica aos membros de nossa Seção Interna. Refiro-me apenas àqueles que estão determinados a trilhar aquela Senda de discipulado que leva à meta mais elevada. A maioria, se não todos, dos que entram para a nossa Seção Interna **são apenas principiantes, preparando-se, nesta vida, para entrar naquela Senda, realmente, em vidas futuras.**"[53]

O Sr. C.W. Leadbeater, treinado também pela autora, define o Ocultismo como sendo: "o estudo do lado oculto da Natureza; ou melhor,

---

[53] BLAVATSKY, H.P. *A Chave para a Teosofia.* Brasília, Ed. Teosófica, 1991. p. 227. (O negrito é nosso; N. ed. bras.)

... o estudo da Natureza em sua *totalidade*, e não apenas daquela parte mínima que é objeto de investigação da ciência moderna."[54]

Sobre os conhecimentos que devem permanecer ocultos ou esotéricos, particularmente "os que são perigosos", C.W. Leadbeater comenta: "Uma grande quantidade de conhecimento enquadra-se nesta categoria, pois existem forças na Natureza que só podem ser

[54] LEADBEATER, C.W. *O Lado Oculto das Coisas*. São Paulo, Ed. Pensamento, 1977. p. 14.

manejadas com segurança por homens que passaram por **um longo curso de cuidadoso preparo.** Ninguém largaria dinamite nas mãos de uma criança; contudo, isso seria um assunto trivial comparado à responsabilidade de colocar o conhecimento das grandes forças ocultas em mãos destreinadas ou indignas. Exemplos deste perigo não faltam, embora felizmente sejam superficiais e insignificantes. As pessoas que aprenderam um pequeno fragmento de conhecimento interno com relação ao fogo serpentino (chamado de *kundalini* pelos iogues hindus; N. ed. bras.), ou mesmo alguns exercícios respiratórios elementares, frequentemente conseguem arruinar sua saúde ou sanidade mental; e as que foram infelizes o suficiente ao entrarem em contato com o mundo abaixo do plano físico, raramente viveram o bastante para lamentar a indiscrição que os conduziu aos domínios onde o homem não deve ingressar... e indubitavelmente, para a maioria da Humanidade, este é um dos casos em que 'a ignorância é felicidade'; pois o homem que se mantiver fora disso está razoavelmente protegido de seus perigos".[55]

Em *Aos Pés do Mestre,* um livro de bolso que recomendamos, encontra-se também: "Não desejes os poderes psíquicos; eles virão quando o Mestre entender ser melhor para ti possuí-los. Forçá-los muito cedo traz em seu treinamento, frequentemente, muitas perturbações; e seu possuidor muitas vezes é desorientado por enganosos espíritos da Natureza,

[55] LEADBEATER, C.W. *A Gnose Cristã.* Brasília, Ed. Teosófica, 1994. p. 230. (O negrito é nosso; N. ed. bras.)

ou torna-se vaidoso e julga-se isento de cometer erros; em qualquer caso, o tempo e a energia despendidos em adquiri-los poderiam ser utilizados em trabalho para os outros. Eles virão no decurso do teu desenvolvimento – eles *têm* de vir; e se o Mestre entender que seria útil para ti possuí-los mais cedo, Ele te ensinará como desenvolvê-los com segurança. Até então, estarás melhor sem eles."[56]

---

[56] KRISHNAMURTI, J. *Aos Pés do Mestre.* Brasília, Ed. Teosófica, 1999. p. 46-7. (§25).

Deve, pois, ser evidente a absoluta necessidade de **um gradual e longo curso de cuidadoso preparo** antes de chegar-se ao Ocultismo Prático ou *Rāja-Yoga*, como comenta o Dr. Taimni: "Qualquer pessoa familiarizada com o objetivo da vida do *Yoga* e com o tipo de esforço necessário para alcançá-lo, compreenderá que **não é possível nem recomendável para alguém absorvido pela vida mundana** e completamente sob a influência dos *Kleshas* (aflições da vida; N. ed. bras.)

lançar-se de uma só vez na prática regular do *Yoga.* ... A diferença entre a perspectiva da vida do homem mundano comum e da vida que se requer que o *yogi* viva é tão grande, que uma súbita mudança de uma para a outra não é possível, e, se tentada, pode produzir uma reação violenta na mente do aspirante, lançando-o de volta à vida mundana com uma força ainda maior. **Um período preparatório de autotreinamento,** no qual ele vai gradualmente assimilando a filosofia do *Yoga* e sua técnica e acostumando-se à autodisciplina, **torna a transição de uma vida para outra mais fácil e mais segura.** Consequentemente, também habilita o simples estudante a verificar se está suficientemente preparado para adotar a vida do *Yoga* e tentar seriamente realizar o ideal do *Yoga*".[57]

Talvez a melhor forma de sintetizar os requisitos necessários para

---

[57] TAIMNI, I.K. *A Ciência do Yoga*. Brasília, Ed. Teosófica, 1996. p. 109. (O negrito é nosso; N. ed. bras.)

esta Senda Espiritual do Ocultismo Prático tenha sido oferecida pela própria autora: "Para alcançar o Nirvana é mister alcançar o Autoconhecimento, e o Autoconhecimento é filho de ações amorosas".[58]

[58] BLAVATSKY, H.P. *A Voz do Silêncio.* São Paulo, Ed. Pensamento, 1976. p. 64. (af. 136)

Ocultismo Prático

Esclarecimentos Importantes para os Estudantes

Há muitas pessoas que estão à procura de instruções práticas de Ocultismo. Faz-se necessário, portanto, esclarecer de uma vez por todas:

(a) A diferença essencial entre Ocultismo teórico e prático; ou o que é geralmente conhecido como Teosofia de um lado, e Ciência Oculta, do outro, e:

(b) A natureza das dificuldades envolvidas no estudo desta última.

É fácil tornar-se um teósofo. Qualquer pessoa com mediana capacidade intelectual e com certa inclinação para a metafísica; que leve uma vida pura e altruísta, que encontre mais alegria em ajudar o seu próximo do que em receber ajuda para si mesmo, que esteja sempre pronta a sacrificar os seus prazeres pessoais em benefício dos outros; que ame a Verdade, a Bondade e a Sabedoria simplesmente pelo que são em si mesmas, e não pelo benefício que delas possa auferir – é um teósofo.

Algo completamente diferente, porém, é trilhar o caminho que conduz ao conhecimento do que é bom fazer, assim como ao reto discernimento entre o bem e o mal; um caminho que também conduz um homem até aquele poder através do qual ele pode fazer o bem que deseja, muitas vezes sem precisar, aparentemente, levantar um dedo sequer.

Além do mais, há um fato importante do qual o estudante deve inteirar-se. Que vem a ser a enorme e quase ilimitada responsabilidade assumida pelo instrutor, por causa do discípulo. Dos gurus do Oriente que ensinam aberta ou secretamente, até os poucos cabalistas nas terras do Ocidente, que arcam com a responsabilidade de ensinar os rudimentos da Ciência

Sagrada aos seus discípulos – esses Hierofantes Ocidentais, geralmente eles mesmos ignorantes do perigo em que incorrem – cada um e todos aqueles "Instrutores" estão sujeitos à mesma e inviolável lei. Do momento em que começam a *realmente* ensinar, a partir do momento que conferem *qualquer* poder – seja psíquico, mental ou físico – aos seus discípulos, assumem para si próprios *todos* os pecados daquele discípulo, de acordo com as Ciências Ocultas, sejam de omissão ou comissão, até o momento em que a iniciação torne o discípulo um Mestre e por sua vez responsável por si. Há uma misteriosa e mística lei religiosa, grandemente reverenciada e seguida pela Igreja Grega, algo esquecida pela Católica Romana, e absolutamente extinta na Igreja Protestante. Essa lei data dos primórdios do Cristianismo e tem sua base naquela lei (oculta, inviolável), mencionada anteriormente, da qual era um símbolo e uma expressão. É o dogma da absoluta sacralidade da relação entre os padrinhos que tomam para si a responsabilidade sobre uma criança[59]. Estes assumem tacitamente para si todos os pecados da criança recém-batizada – (um verdadeiro mistério: ela é ungida da mesma forma que na iniciação!) – até o dia em que a criança torna-se responsável por si

[59] É considerada tão sagrada pela Igreja Grega esta relação assim formada, que o casamento entre padrinhos de uma mesma criança é encarado como a pior espécie de incesto, é considerado ilegal e é anulado pela lei; essa proibição absoluta estende-se até mesmo aos filhos de um dos padrinhos em relação aos filhos do outro padrinho.

mesma, conhecendo o bem e o mal. Desse modo fica claro por que os "Instrutores" são tão reticentes, e por que se requer dos Chelas servir durante um período probatório de sete anos de modo a provarem sua aptidão e desenvolverem as qualidades necessárias para a segurança tanto do Mestre quanto do discípulo.

Ocultismo não é magia. É *comparativamente* fácil aprender os truques de encantamento e os métodos de uso das forças mais sutis, mas ainda assim materiais, de natureza física; os poderes da alma animal no homem são logo despertados; as forças que o seu amor, seu ódio e sua paixão podem pôr em ação são prontamente desenvolvidas. Mas isto é Magia Negra – *Feitiçaria.* Pois é a intenção, *somente a intenção*, que faz com que qualquer exercício de poder torne-se Magia negra e maligna, ou branca e benéfica. É impossível empregar forças *Espirituais* se houver o mais leve traço de egoísmo presente no operador. Pois, a não ser que a intenção seja totalmente pura, a vontade espiritual converter-se-á em psíquica, agindo sobre o plano astral e podendo produzir resultados terríveis. Os poderes e as forças de origem animal podem igualmente ser usados tanto pelo egoísta e vingativo quanto pelo altruísta e todo-compassivo; os poderes e as forças espirituais são concedidos somente àqueles que são perfeitamente puros de coração – e isto é MAGIA DIVINA.

Quais são então as condições requeridas para tornar-se um estudante da "*Divina Sapientia*?" Pois que fique claro que tal instrução não pode quiçá ser ministrada a não ser que estas condições sejam preenchidas e rigorosamente levadas a cabo durante os anos de estudo. Esta é uma condição *sine qua non.* Ninguém pode nadar a não ser que entre em água profunda. Nenhum pássaro pode voar a não ser que suas asas se tenham desenvolvido e que tenha espaço à sua frente bem como coragem para lançar-se no ar. Um homem que queira manejar uma espada de duplo corte, deve ser um mestre completo no manejo da espada sem corte, para que não venha a ferir a si mesmo ou – o que é pior – ferir outros, na primeira tentativa.

Para dar uma idéia aproximada das condições indispensáveis sob as quais o estudo da Sabedoria Divina possa prosseguir com segurança, isto é, sem perigo de que a Magia Divina possa dar lugar à Magia Negra, apresentaremos uma síntese das "regras reservadas", com as quais todo o instrutor no Oriente está familiarizado. As poucas passagens que se seguem foram selecionadas dentre inúmeras outras e explicadas entre colchetes, em itálico.

1. O lugar escolhido para receber instrução deve ser um local planejado para não distrair a mente, contendo objetos (magnéticos) com influências "enlevadoras". As cinco cores

sagradas, entre outras coisas, devem estar presentes, reunidas num círculo. O local deve estar livre de quaisquer influências malignas pairando no ar.

[O local deve ser reservado e não deve ser usado para qualquer outro propósito. As cinco "cores sagradas" são as matizes prismáticas dispostas em uma certa ordem, uma vez que estas cores são muito magnéticas. Por "influências malignas" se quer dizer quaisquer

distúrbios causados por mal-querenças, discussões, maus sentimentos, etc., já que se diz que estas coisas se imprimem imediatamente na luz astral, i.e., na atmosfera do lugar, e que ficam "pairando no ar". Esta primeira condição parece ser facilmente preenchida, ainda assim – numa considera-ção posterior, é uma das mais difíceis de se conseguir.]

2. Antes que seja permitido ao discípulo o estudo "face a face",

ele tem de adquirir noções preliminares na seleta companhia de outros *upāsakās* (discípulos) laicos, cujo número deve ser ímpar.

["Face a face" significa neste exemplo um estudo independente ou separado dos demais, quando o discípulo tem sua instrução face a face *ou consigo mesmo (o seu Eu Superior, Divino) ou com o seu guru. Somente então é que cada um recebe* aquilo que lhe

é devido *de informação, de acordo com o uso que tenha feito de seu conhecimento. Isso pode acontecer somente ao se aproximar o final do ciclo de instruções.]*

3. Antes que tu (instrutor) transmitas ao teu *Lanu* (discípulo) as boas (sagradas) palavras do *LAMRIN*, ou permitas que ele se "apronte" para *Dubjed*, deverás cuidar para que a mente do *Lanu* esteja total-

mente purificada e em paz com todos, especialmente *com os seus outros eus*. De outro modo, as palavras de Sabedoria e da boa Lei dispersar-se-ão e serão levadas pelo vento.

[Lamrim *é uma obra de instruções práticas, escrita por Tson-kha-pa, em duas partes, uma para propósitos eclesiásticos e exotéricos, e outra para uso esotérico. "Aprontar-se" para Dubjed é pre-*

parar os objetos para vidência, tais como espelhos e cristais. A expressão "outros eus" refere-se aos demais companheiros de estudo. A não ser que reine a maior harmonia entre os aprendizes, nenhum sucesso é possível. É o instrutor quem faz a seleção segundo as naturezas magnéticas e elétricas dos estudantes, juntando e ajustando do modo mais cuidadoso possível os elementos positivos e negativos.]

4. Durante o estudo, *os upāsakās* devem se manter unidos como os dedos de uma mão. Tu imprimirás em suas mentes que tudo quanto possa ferir um, deverá ferir os outros; e se o regozijo de um não encontrar eco nos corações dos demais, então as condições exigidas estão ausentes, e é inútil prosseguir.

[Isso dificilmente poderá acontecer se a escolha preliminar foi

feita de acordo com as condições magnéticas exigidas. Por outro lado, sabe-se que chelas promissores e aptos para receberem a verdade tiveram de esperar durante anos devido a seus temperamentos e à impossibilidade que sentiam em se afinar *com seus companheiros. Pois—]*

5. Os condiscípulos devem ser afinados pelo guru como as cordas do alaúde (vina), cada uma diferente da outra, e ainda assim

cada uma emitindo sons em harmonia com todas as outras. Coletivamente eles devem como que formar um teclado que responda em todas as suas partes ao mais leve toque (o toque do Mestre). Assim as suas mentes abrir-se-ão para as harmonias da Sabedoria, para vibrarem como conhecimento através de cada um e de todos, resultando em efeitos agradáveis aos deuses regentes (tutelares ou anjos padroeiros) e úteis para o *Lanu*. Dessa maneira, a Sabedoria deverá ser impressa para sempre em seus corações e a harmonia da lei jamais será quebrada.

6. Aqueles que desejam adquirir o conhecimento que leva aos *Siddhis* (poderes ocultos) têm que renunciar a todas as vaidades da vida e do mundo (segue aqui a enumeração dos *Siddhis*).[60]

---

[60] Vide TAIMNI, I.K. *A Ciência do Yoga.* Brasília, Ed. Teosófica, 1996. pp. 217-86. (Seção III, *Vibhūti Pāda*; N. ed. bras.)

7. Nenhum *Lanu* (discípulo) pode sentir diferença entre si mesmo e seus companheiros de estudo, tais como "eu sou o mais sábio", "eu sou mais santo e agrado mais ao instrutor, ou à minha comunidade, do que meu irmão", etc., – e permanecer um *upāsaka*. Seus pensamentos devem estar predominantemente fixos em seu coração, afastando dele todo pensamento hostil a qualquer ser vivente. Ele (o coração) deve estar pleno do

sentimento de não-separatividade em relação a todos os outros seres, bem como a tudo na Natureza; de outro modo não pode haver sucesso.

8. Um *Lanu* (discípulo) deve recear somente influências externas das criaturas vivas (emanações magnéticas destas criaturas). Por esta razão, ainda que uno com tudo, em sua *natureza interna,* ele deve

cuidar para separar seu corpo externo de toda influência estranha: ninguém mais, além dele, deve beber ou comer em sua tigela. Deve evitar contato corporal (i.e., ser tocado ou tocar) tanto com seres humanos quanto com animais.

[Não são permitidos animais de estimação, e é proibido inclusive tocar certas árvores e plantas. Um discípulo tem que viver, por assim dizer, em sua própria atmosfera, de modo a

individualizá-la para propósitos ocultos.][61]

9. A mente deve permanecer impassível a tudo o que não sejam as verdades universais da Natureza, para que a "Doutrina do Coração" não se torne apenas a "Doutrina do Olho" (i.e., ritualismo exotérico vazio).

---

[61] Esta é uma regra referente a um período de treinamento bastante avançado (vide Nota Introdutória, p. 91) no Ocultismo prático, que visa o desenvolvimento de poderes internos, não sendo aplicável aos principiantes. (N. ed. bras.)

10. Nenhum alimento animal de qualquer espécie, nada que contenha vida em si, deve ser consumido pelo discípulo. Não deve ser usado vinho, álcool ou ópio, pois estes são como os *Lhamaym* (maus espíritos), que se prendem ao incauto e devoram sua compreensão.

[Presume-se que o vinho e o álcool contenham e preservem o mau magnetismo de todos os homens que ajudaram na sua fabricação; e presume-se que a carne de cada animal pre-

serve as características psíquicas de sua espécie.]

11. A meditação, a abstinência, a observação dos deveres morais, pensamentos gentis, boas ações e palavras amáveis, assim como boa vontade para com todos e um total esquecimento do eu, são os meios mais eficazes de se obter conhecimento e preparar-se para a recepção da sabedoria superior.

12. Somente devido à estrita observância das regras prece-

dentes pode o *Lanu* esperar adquirir, em seu devido tempo, os *Siddhis* dos *Arhats*, o crescimento que o faz gradualmente se tornar Uno com o TODO UNIVERSAL.

Estes 12 fragmentos foram extraídos de 73 regras, as quais seria inútil enumerar, uma vez que não teriam qualquer significado na Europa. Mas mesmo estas poucas são suficientes para mostrar as imensas dificuldades que obstruem o caminho daquele aspirante a

Upāsaka que tenha nascido e crescido no Ocidente.[62]

Toda educação ocidental, e especialmente a inglesa, traz instintivamente o princípio de competição e disputa; cada criança é instada a aprender mais rapidamente, a ultrapassar seus companheiros e a

[62] Vale lembrar que *todos* os "Chelas", mesmo discípulos leigos, são chamados *Upāsakās* até após sua primeira iniciação, quando se tornam *Lanu-Upāsakās*. Até aquele dia, mesmo aqueles que vivem nos monastérios com os lamas são *postos à parte* e considerados "leigos".

suplantá-los de todo modo possível. Cultiva-se continuamente a assim chamada "rivalidade amistosa", e o mesmo espírito é cultivado e fortalecido em cada detalhe da vida.

Tendo sido "educado" com tais idéias desde a infância, como pode um ocidental vir a sentir-se "como os dedos de uma mão" em relação a seus companheiros de estudo? Estes companheiros também não são de sua *própria escolha*, nem ele os elege por simpatia e preferência pessoais. Eles são escolhidos por seu instrutor por motivos muito distintos, e aquele que deseja se tornar um aprendiz deve primeiramente ser forte o bastante para matar em seu coração todos os sentimentos de aversão e antipatia para com os outros. Quantos ocidentais estão prontos pelo menos para tentar?

Acrescente-se ainda os detalhes da vida diária, o preceito de não tocar nem mesmo a mão daqueles que nos são mais próximos e queridos. Como tudo isso é contrário à noção ocidental de afeição e bons sentimentos! Como parece frio e difícil. Egoístico também, as pessoas diriam, abster-se de proporcionar prazer aos outros em função de seu próprio desenvolvimento. Bem, deixemos aqueles que pensam assim protelar até uma outra vida a tentativa de entrar na Senda com real seriedade. Mas que eles não se vangloriem de seu suposto altruísmo. Pois na realidade eles apenas se deixam enganar pelas aparências, noções convencionais baseadas no emocionalismo e na efusão, ou na assim chamada cortesia, coisas da vida irreal, e não os ditames da Verdade.

Mas mesmo colocando de lado estas dificuldades, que podem ser consideradas como "externas", embora não sejam por isso menos importantes, como podem os estudantes no Ocidente "afinar-se" com a harmonia como se lhes exige aqui? O personalismo cresceu tão fortemente na Europa e na

América, que não há escola de artistas em que até mesmo os membros não se odeiem e sintam ciúmes uns dos outros. O ódio "profissional" e a inveja tornaram-se proverbiais; os homens procuram beneficiar a si mesmos a qualquer custo, e mesmo as assim chamadas cortesias da vida não são mais que máscaras vazias cobrindo estes demônios de ódio e inveja.

No Oriente, o espírito de "não-separatividade" é inculcado tão firmemente a partir da infância, quanto no Ocidente é inculcado o espírito de rivalidade. A ambição pessoal, os sentimentos e os desejos pessoais não são encorajados a crescer tão desmedidamente por lá. Quando a criança é como uma terra naturalmente boa, e é cultivada de modo apropriado, cresce e torna-se um homem no qual o hábito de subordinação do eu inferior ao Eu superior é forte e poderoso. No Ocidente, predomina a crença de que os princípios orientadores da ação dos homens são as suas preferências e antipatias em relação aos outros homens ou coisas, ainda que eles não tornem tais princípios a norma de suas vidas e nem tentem impô-los aos outros.

Para aqueles que reclamam de terem aprendido pouco na Sociedade Teosófica, deixemos que as palavras seguintes, publicadas num artigo da revista *Path* de fevereiro passado, calem fundo em seus corações: – "A chave de cada estágio é o *próprio aspirante*." Não é "o temor a Deus" que é "o começo da Sabedoria", mas sim o conhecimento do Eu, que é A SABEDORIA EM SI MESMA.

Quão magnífica e verdadeira se apresenta, assim, para o estudante de Ocultismo que começou a compreender algumas das verdades precedentes, a resposta dada pelo Oráculo de Delfos a todos os que vinham em busca da Sabedoria Oculta – palavras repetidas e enfatizadas tantas vezes pelo sábio Sócrates: – HOMEM CONHECE-TE A TI MESMO...

Ocultismo *Versus* Artes Ocultas

"Tantas vezes ouvi dizer, mas jamais até então acreditara,

Que houvesse pessoas que, por meio de poderosos encantamentos mágicos,

Dobrassem aos seus vis propósitos as leis da Natureza."

–Milton

Na Seção "Correspondência" deste mês, várias cartas dão testemunho da forte impressão causada em algumas mentes pelo nosso artigo do mês passado, *Ocultismo Prático*[63]. Tais cartas servem para provar e reforçar duas conclusões lógicas.

(a) Há mais pessoas bem-educadas e de bom entendimento que acreditam na existência do

[63] Vide Nota Introdutória, p. 91. (N. ed. bras.)

Ocultismo e da Magia (os dois diferindo enormemente) do que supõe o materialista moderno; e –

(b) A maioria dos que acreditam (incluindo-se muitos teósofos) não tem idéia definida da natureza do Ocultismo, e o confunde com as Artes[64] Ocultas em geral, até mesmo com a "magia negra".

---

[64] *Sciences,* no original em inglês. Vide Nota Introdutória, p. 91. (N. ed. bras.)

Suas concepções dos poderes que o Ocultismo confere ao homem, e dos meios necessários para consegui-los, são tão variados quanto fantasiosos. Alguns imaginam que tudo que necessitam para tornar-se um Zanoni, é um mestre na arte para indicar o caminho. Outros creem que se tem apenas de atravessar o Canal de Suez e ir até a Índia para transformar-se num Roger Bacon ou mesmo num Conde St. Germain. Muitos adotam Margrave como seu ideal, com sua juventude sempre a se renovar, e pouco se importam com a alma como o preço a ser pago por isso. Muitos confundem "Feitiçaria", pura e simples, com Ocultismo – "através do sumidouro da Terra, a partir das trevas do rio Estige[65], subi, fantasmas descarnados, para regiões de luz" – e desejam, com a força deste feito, ser tratados como Adeptos de plena grandeza. "A Magia Cerimonial", de acordo com as regras irreverentemente apresentadas por Eliphas Levi, constitui

[65] Rio da Mitologia Grega que separava o mundo dos vivos e dos mortos. (N. ed. bras.)

um outro *alter ego* imaginário da filosofia dos antigos *Arhats*. Em suma, os prismas através dos quais o Ocultismo aparece, para aqueles inocentes da filosofia, são tão multicoloridos e variados como lhes pode tornar a fantasia humana.

Será que esses candidatos à Sabedoria e ao Poder sentir-se-iam muito indignados se lhes fosse contada a verdade pura e simples? Não é apenas útil, mas agora se tornou *necessário* desiludir a maioria deles, e antes que seja tarde demais. Esta verdade pode ser dita em poucas palavras: Não há, no Ocidente, entre as centenas de pessoas fervorosas que se dizem "Ocultistas", nem mesmo meia dúzia que tenham sequer uma idéia aproximadamente correta da natureza da ciência que eles procuram dominar. Com umas poucas exceções, estão todos no caminho que leva à Feitiçaria. Que eles restabeleçam um pouco de ordem no caos que reina em suas mentes antes de protestarem contra esta afirmativa. Deixemos que primeiro aprendam a verdadeira relação entre Artes[66] Ocultas e Ocultismo, e a diferença entre ambos, e então se enfureçam se ainda se acharem com razão. Enquanto isso, deixemos que aprendam que o Ocultismo difere da Magia e das outras Artes[67] Secretas como o glorioso Sol difere de uma luz fugidia, assim como o imutável e imortal Espírito do Homem – o reflexo do TODO Absoluto, sem causa e incognoscível – difere do barro perecível – o corpo humano.

[66] *Sciences,* no original em inglês. Vide Nota Introdutória, p. 91. (N. ed. bras.)

[67] Idem.

Em nosso Ocidente altamente civilizado, onde as línguas modernas têm evoluído e novas palavras têm sido cunhadas sob o influxo de novas idéias e pensamentos – como tem acontecido com todas as línguas – quanto mais estes pensamentos se tornam materializados na fria atmosfera do egoísmo ocidental e sua busca incessante pelos bens deste mundo, tanto menos se sente qualquer necessidade para a produção de novos termos que expressem aquilo que se considera implicitamente como absoluta e desacreditada "superstição". Tais palavras poderiam apenas responder a idéias que dificilmente se suporia um homem culto pudesse abrigar em sua mente.

"Magia" é um sinônimo para prestidigitação; "Feitiçaria", um sinônimo para ignorância crassa; e "Ocultismo", os tristes restos mortais de perturbados filósofos medievais do Fogo, dos Jacob Boehmes e os St. Martins, expressões que se acredita mais que amplamente suficientes para cobrir todo o campo da "falcatrua". São termos de desprezo, e geralmente usados apenas com relação à escória e aos resíduos das idades das trevas e dos períodos de eons de paganismo que os precederam. Por isso, não possuímos termos na língua portuguesa[68] para definir e matizar a diferença entre tais poderes paranormais e as ciências que levam à posse deles, com a refinada precisão que é possível nas línguas orientais – preeminentemente no sânscrito. O que palavras como "milagre" e "encantamento" (palavras afinal idênticas em significado, já que ambas expressam a idéia de

[68] *English tongue,* no original em inglês. (N. ed. bras.)

produzir coisas maravilhosas *transgredindo as leis da Natureza* [!!], como explicado pelas autoridades reconhecidas), significam àqueles que as ouvem ou as pronunciam? Um cristão acreditará piamente em *milagres* – não obstante "transgridam as leis da Natureza" – porque se diz terem sido produzidos por Deus através de Moisés; por outro lado, rejeitará os encantamentos produzidos pelos mágicos do Faraó ou irá atribuí-los ao demônio. É este último que nossos pios inimigos associam ao Ocultismo, enquanto seus ímpios desafetos, os infiéis, riem-se de Moisés, dos Mágicos, e dos Ocultistas, e enrubesceriam se tivessem que dedicar um pensamento sério a tais "superstições". Isso porque não existe qualquer termo para mostrar a diferença; não há palavras para expressar as luzes e sombras e desenhar a linha demarcatória entre o sublime e verdadeiro, em relação ao absurdo e ridículo. Os últimos são interpretações teológicas que ensinam "a transgressão das leis da Natureza" pelo homem, por Deus, ou pelo diabo; os primeiros – os "milagres" *científicos* e os encantamentos de Moisés e dos Magos *de acordo com as leis naturais,* ambos tendo sido aprendidos em toda Sabedoria dos Santuários, que eram as "Sociedades Reais" daqueles dias – e no verdadeiro OCULTISMO. Esta última palavra certamente se presta a equívocos, traduzida como foi da palavra composta *Gupta-Vidyā*, "Conhecimento Secreto". Mas conhecimento de quê? Alguns dos termos sânscritos nos podem ajudar.

Há quatro nomes (dentre muitos outros) para designar os vários tipos de Conhecimento ou Ciência Esotéricos, mesmo nos *Purāṇas* exotéricos. Há (1) *Yajña-Vidyā*[69], conhecimento dos poderes ocultos

---

[69] "O *Yajña",* dizem os *Brahmans*, "existe desde a eternidade, pois procede do Ser Supremo ... no qual subjaz latente desde o *'não-*princípio*'*. É a chave para o *TRAIVIDYĀ,* a ciência três vezes sagrada contida nos versos do *Rig Veda*, que ensina os *Yagas* ou mistérios sacrificiais. 'O *Yajña'* existe como algo invisível durante todo o tempo; é como o poder latente da eletricidade, que para ser liberado num dínamo, necessita somente da operação de um aparato adequado. Diz-se que se estende desde o *Ahavaniya*

despertados na natureza pela realização de certas cerimônias e ritos religiosos. (2) *Mahāvidyā*, o "grande conhecimento", a magia

---

ou fogo sacrificial até os céus, formando uma ponte ou escada por meio da qual o oficiante do sacrifício pode se comunicar com o mundo dos deuses e espíritos, e até mesmo ascender, enquanto vivo, até as suas moradas" – *Aitareya Brahmana,* de Martin Haug.

"Este *Yajña* é novamente uma das formas do *Ākāsa;* e a palavra mística que o invoca, pronunciada mentalmente pelo Sacerdote Iniciado, é a *Palavra Perdida* impulsionada pelo PODER DA VONTADE"– *Ísis Sem Véu,* Vol. I, . Intr. Veja *Aitareya Brahmana,* de Haug.

dos cabalistas e da adoração Tântrica, geralmente Feitiçaria da pior espécie. (3) *Guhya-Vidyā*, conhecimento dos poderes místicos residentes no Som (Éter), consequentemente nos Mantras (preces cantadas ou encantamentos), que dependem do ritmo e da melodia usados; em outras palavras, uma performance mágica baseada no conhecimento das Forças da Natureza e suas correlações; e (4) *ĀTMA-VIDYĀ*, um termo que é traduzido simplesmente como

"Conhecimento da Alma", *Sabedoria verdadeira* pelos orientalistas, mas que significa muitíssimo mais.

Ātma-Vidyā é, assim, o único tipo de Ocultismo que qualquer teósofo que admirasse *Luz no Caminho*[70], e que fosse sábio e altruísta, deveria esforçar-se por alcançar. Tudo o mais é apenas algum ramo das "Artes[71] Ocultas",

---

[70] Vide COLLINS, Mabel. *Luz no Caminho*. Brasília, Ed. Teosófica, 1999. (N. ed. bras.).

[71] *Sciences,* no original em inglês. Vide Nota Introdutória, p. 91. (N. ed. bras.)

i.e., artes baseadas no conhecimento da essência última de todas as coisas nos reinos da Natureza – tais como minerais, vegetais e animais – portanto das coisas pertencentes à esfera da natureza *material,* por mais que aquela essência possa ser invisível, e tenha escapado até agora à compreensão da Ciência. A Alquimia, a Astrologia, a Fisiologia Oculta, a Quiromancia existem na Natureza, e as Ciências *exatas* – assim chamadas talvez porque elas sejam julgadas o inverso disso, nesta era de filosofias paradoxais – já descobriram não poucas das *artes* acima. Mas a clarividência, simbolizada na Índia como o "Olho de Shiva", ou chamada "Visão Infinita" no Japão, *não* é hipnotismo, o filho ilegítimo do mesmerismo, e não pode ser adquirida por tais artes. Todas as outras podem ser dominadas e se pode obter resultados, sejam bons, maus, ou indiferentes; mas são de pouco valor do ponto de vista de *Ātma-Vidyā*. *Ātma-Vidyā* inclui todas elas e pode até mesmo usá-las eventualmente, para propósitos benéficos, mas não sem antes purificá-las de sua escória, e tomando o cuidado de destituí-las de todo elemento de motivação egoísta. Deixe-nos explicar: Qualquer homem ou mulher pode pôr-se a estudar uma ou todas das "Artes Ocultas" acima especificadas sem qualquer grande preparação prévia, e mesmo sem adotar qualquer modo de vida demasiado restritivo. Poder-se-ia até mesmo prescindir de qualquer padrão elevado de moralidade. No último caso, certamente, as probabilidades são de dez para um que o estudante iria se transformar num tipo de feiticeiro razoável, e prestes a cair abruptamente na magia negra. Mas o que pode isso importar? Os Vodus e os *Dugpas* comem, bebem e se divertem com as hecatombes de vítimas de suas artes infernais. E assim também os afáveis cavalheiros vivisseccionistas e os "Hipnotizadores" *diplomados* das Faculdades de Medicina; a única diferença entre as duas classes é que os Vodus e *Dugpas* são feiticeiros *conscientes*, e os seguidores de

Charcot-Richet são feiticeiros *inconscientes*. Assim como ambos têm que colher os frutos de seus trabalhos e feitos na magia negra, os praticantes ocidentais não deixarão de conseguir lucros e satisfações sem receber a punição e a reputação correspondentes a tais práticas; repetimos, portanto, que *o hipnotismo* e a *vivissecção*, como praticados em tais escolas, são feitiçaria pura e simples, privados do conhecimento do qual desfrutam os Vodus e *Dugpas* , e que nenhum Charcot-Richet pode obter por si mesmo em cinquenta anos de intenso trabalho e observação experimental. Deixemos, então, aqueles que querem intrometer-se na magia – quer eles entendam sua natureza ou não, mesmo que considerem as regras impostas aos estudantes muito difíceis e por isso ponham de lado *Ātma-Vidyā* ou Ocultismo – seguirem sem esse conhecimento. Deixemos que se tornem magos de qualquer maneira, mesmo que se tornem Vodus e *Dugpas* pelas próximas dez encarnações.

Mas o interesse de nossos leitores estará provavelmente centrado naqueles que são inexoravelmente atraídos para o "Oculto", embora nem façam idéia da verdadeira natureza daquilo a que aspiram, nem se tenham tornado livres das paixões, e muito menos, verdadeiramente altruístas.

Então, o que dizer a respeito destes desventurados, nos perguntarão, que desse modo são dilacerados pelo meio por forças conflitantes? Pois já foi comentado por demais para que se precise repetir, e o fato em si é obvio a qualquer observador, que uma vez que o desejo pelo Ocultismo tenha realmente despertado no coração de um homem, não lhe resta qualquer esperança de paz, nenhum lugar para descanso ou conforto em todo o mundo. Ele é impelido para os locais selvagens e desolados da vida por um incessante tormento e uma inquietude que não consegue apaziguar. O seu coração está demasiado cheio de paixão e desejo egoísta para lhe permitir passar pelo Portal de Ouro; ele não consegue encontrar descanso ou paz na vida comum. Terá ele então de cair inevitavelmente na feitiçaria e na magia negra, e através de muitas encarnações acumular para si um carma terrível? Não há outro caminho para ele?

Certamente que há, respondemos. Que ele não aspire a mais do que aquilo que se sinta capaz de realizar. Que ele não escolha carregar um fardo pesado demais para si. Sem nem mesmo exigir dele que se torne um *Mahātma*, um Buda ou um Grande Santo, deixe-se que estude a filosofia e a "Ciência da Alma", e ele poderá tornar-se um dos modestos benfeitores da Humanidade, sem qualquer dos poderes "super-humanos". Os *Siddhis* (ou os poderes do *Arhat*) são reservados unicamente para aqueles que são capazes de consagrar sua vida, sujeitar-se aos terríveis sacrifícios exigidos por um tal treinamento, e sujeitar-se a eles *ao pé da letra*. Que eles saibam de uma vez por todas e lembrem sempre que o *verdadeiro Ocultismo* ou *Teosofia* é a "Grande

Renúncia ao eu", incondicional e absolutamente, tanto em pensamento como em ação. É ALTRUÍMO, e também lança aquele que o pratica totalmente para fora do cômputo das fileiras dos vivos. "Não para si, mas para o mundo, ele vive", tão logo tenha comprometido a si mesmo com a obra. Muito é perdoado durante os primeiros anos de provação. Mas tão logo seja ele "aceito", sua personalidade tem de desaparecer, e ele tem de se tornar uma mera *força benéfica da Natureza.*

Depois disso, só há dois polos opostos perante ele, duas sendas, e nenhum lugar intermediário para descanso. Ou ele ascende trabalhando com afinco, degrau por degrau, geralmente através de numerosas encarnações e sem intervalo para repouso no *Devachan,* à escada de ouro que leva à condição de *Mahātma* (a condição de *Arhat* ou *Bodhisattva*), – ou ele se permitirá escorregar escada abaixo ao primeiro passo dado em falso, e despencar até a condição de *Dugpa*...

Tudo isso ou é desconhecido ou totalmente deixado de lado. Na realidade, aquele que é capaz de seguir a evolução silenciosa das aspirações preliminares dos candidatos, com frequência descobre estranhas ideias que vão mansamente tomando posse de suas mentes. Há aqueles cujas faculdades de raciocínio foram tão distorcidas por influências estranhas, que imaginam que as paixões animais podem ser de tal modo sublimadas e elevadas que sua fúria, força e fogo podem, por assim dizer, ser dirigidas para dentro; que elas podem ser armazenadas e reprimidas em seu peito, até que sua energia seja, não-expandida, mas direcionada para propósitos mais elevados e mais sagrados: isto é, *até que sua força coletiva e não-expandida permita ao seu possuidor entrar no verdadeiro Santuário da Alma* e lá permanecer na presença do Mestre – o EU SUPERIOR. Em nome deste propósito, eles não lutarão com suas paixões nem as matarão. Eles simplesmente, por um forte esforço de vontade, acalmarão as violentas chamas e as manterão encerradas dentro de suas próprias naturezas, permitindo ao fogo arder sob uma fina camada de cinzas. Eles se submetem jovialmente à tortura do menino espartano que preferiu permitir à raposa devorar suas entranhas a desfazer-se dela. Oh, pobres visionários cegos!

Seria o mesmo que esperar que um bando de limpadores de chaminés bêbados, exaltados e sujos por causa de seu trabalho, pudessem ser encerrados num Santuário coberto com o linho mais puro e branco, e que, em vez de com sua presença sujar e transformar o lugar num monte de retalhos imundos, eles se tornassem mestres do recinto sagrado, e que finalmente de lá saíssem tão imaculados quanto o próprio recinto. Por que não imaginar que uma dúzia de cangambás aprisionados na atmosfera pura de um *Dgon-pa* (mosteiro) possam sair dali impregnados com todos os perfumes e incensos lá usados?... Estranha aberração da mente humana. Poderia isto ser possível? Investiguemos.

O "Mestre", no Santuário de nossas Almas, é "o Eu Superior" – o espírito divino cuja consciência está baseada na Mente e apenas dela deriva (tal ocorre, de qualquer modo, durante a vida mortal do homem na qual ela se encontra cativa), e à qual convencionamos chamar de *Alma Humana* (sendo a "Alma Espiritual" o veículo do Espírito). Por sua vez, aquela (a alma *pessoal* ou humana) é, na sua forma mais elevada, um composto de aspirações espirituais, volições e amor divino; e em seu aspecto inferior, de desejos animais e de paixões terrestres que lhe são transmitidas por sua associação com o seu veículo, a sede de tudo isso. Ela desempenha o papel, portanto, de um elo e um meio entre a natureza animal do homem, a qual sua razão superior tenta subjugar, e a sua natureza espiritual divina em direção à qual ela gravita, sempre que obtiver vantagem em sua luta com o *animal interior*. Este último é a instintiva "Alma animal", e é o antro daquelas paixões que, como acabamos de mostrar, são acalentadas em vez de aniquiladas, e que alguns entusiastas imprudentes mantêm encerradas em seu peito. Será que eles ainda esperam desse modo transformar a corrente imunda do esgoto animal nas águas cristalinas da vida? E onde, em que terreno neutro, podem elas ser aprisionadas de modo a não afetarem o homem? As violentas paixões do amor e da luxúria ainda estão vivas, e ainda se lhes permite permanecer no lugar de seu nascimento – *aquela mesma alma animal*; pois tanto as porções superior e inferior da "Alma Humana" ou Mente rejeitam semelhantes companhias, ainda que não possam evitar ser maculadas por tais vizinhos. O "Eu Superior" ou Espírito é tão incapaz de assimilar tais sentimentos como o é a água de se misturar com o óleo ou impurezas líquidas gordurosas. Assim, é apenas a mente – o único vínculo e meio entre o homem da Terra e o Eu Superior – que é a única sofredora, e que está em constante perigo de ser tragada por aquelas paixões, que podem ser reavivadas a qualquer momento, e perecer no abismo da matéria. E como pode ela alguma vez se afinar com a divina harmonia do Princípio superior, quando aquela harmonia é destruída pela mera presença de tais paixões animais, dentro do

Santuário em preparação? Como pode a harmonia prevalecer e vencer quando a alma está maculada e distraída pelo turbilhão das paixões e pelos desejos terrenos dos sentidos do corpo, ou mesmo pelo "homem Astral"?

Pois este "Astral" – o "duplo" sombrio (tanto no animal como no homem) – não é o companheiro do *Ego divino,* mas do *corpo terrestre*. É o vínculo entre o eu pessoal, a consciência inferior de *Manas,* e o Corpo, e é o veículo da *vida transitória*, não da *vida imortal*. Tal qual a sombra projetada pelo homem, ele segue seus movimentos e impulsos servil e mecanicamente, apoiando-se assim na matéria sem jamais ascender ao Espírito. Somente quando o poder das paixões estiver totalmente morto, e elas tiverem sido esmagadas e aniquiladas na retorta de uma vontade inquebrantável; quando não apenas toda luxúria e desejos da carne estiverem mortos, mas também quando o reconhecimento do eu pessoal tiver sido aniquilado, e o "Astral", consequentemente, tiver sido reduzido a zero, é que pode ocorrer a União com o "Eu Superior". Assim, quando o "Astral" refletir apenas o homem conquistado, o que ainda vive mas que não mais deseja, a personalidade egoísta, então o brilhante *Augoeides*, o EU divino, pode vibrar em harmonia consciente com ambos os polos da Entidade humana – o homem de matéria purificada, e a sempre pura Alma Espiritual – e erguer-se na presença do EU SUPERIOR[72], o Cristo dos Gnósticos místicos, congraçado, imerso, unido com ELE para sempre.[73]

[72] *Master Self,* no original em inglês, podendo também significar o Mestre Interno. (N. ed. bras.)

[73] Aqueles que se sentissem inclinados a ver três *EGOS* em um homem mostrar-se-iam incapazes de perceber o sentido metafísico. O homem é uma trindade composta de Corpo, Alma e Espírito; mas o *homem,* apesar de tudo, é *uno,* e certamente não é o seu corpo. Esse último é apenas a propriedade, a vestimenta transitória do homem. Os três "EGOS" são o HOMEM em seus três aspectos nos planos ou estados astral, intelectual (ou psíquico), e Espiritual.

Como, então, poderia ser possível conceber que um homem entrasse pela "porta estreita" do Ocultismo quando seus pensamentos, a cada dia e hora, estão presos a coisas mundanas, desejos de posse e poder, à luxúria, à ambição, e aos deveres que, embora honrosos, são ainda da Terra, terrenais? Mesmo o amor pela esposa e a família – a mais pura e mais altruísta das afeições humanas – é uma barreira ao *verdadeiro* Ocultismo. Pois se tomarmos como exemplo o sagrado amor de uma mãe por seu filho, ou o de um marido por sua esposa, mesmo nestes sentimentos, quando analisados em profundidade, e examinados criteriosamente, ainda há *egoísmo* no primeiro, e um *egoïsme a deux*[74] no segundo exemplo.

Que mãe não sacrificaria, sem hesitar sequer um instante, centenas e milhares de vidas pela vida do seu filho do coração? E que amante ou marido digno deste nome

[74] Em francês: egoísmo a dois. (N.ed.bras.)

não destruiria a felicidade de qualquer outro homem ou mulher ao seu redor para satisfazer o desejo daquela a quem ele ama? Mas isso é natural, dirão. Certamente, do ponto de vista das afeições humanas; mas não à luz do princípio daquele amor divino universal. Pois, enquanto o coração estiver cheio de pensamentos voltados para um pequeno grupo de *eus*, que nos são próximos e caros, que valor terá o resto da Humanidade em nossas almas? Que percentagem de amor e cuidado permanecerá para dispensar à "grande órfã"[75]? E como a "ainda pequenina voz" far-se-á ouvida numa alma totalmente ocupada por seus próprios inquilinos privilegiados? Que espaço resta ali onde possam as necessidades da Humanidade imprimir-se em bloco, ou mesmo receber uma rápida resposta? E ainda assim, aquele que poderia lucrar com a sabedoria da mente universal tem que alcançá-la através *do todo da Humanidade* sem

---

[75] A autora está referindo-se à "Humanidade". (N.ed.bras.)

distinção de raça, cor, religião ou posição social. É o *altruísmo* e não o *egoísmo,* mesmo em sua concepção mais nobre e legal, que pode levar o indivíduo a fundir o seu pequeno eu no Eu Universal. É para *estas* necessidades e para esta obra que o verdadeiro discípulo do verdadeiro Ocultismo tem de se devotar se quiser alcançar a *teosofia,* a Sabedoria e o Conhecimento Divinos.

O aspirante tem de escolher absolutamente entre a vida do mundo e a vida do Ocultismo. É inútil e vão empenhar-se em unir os dois, pois ninguém pode servir a dois mestres e satisfazer a ambos. Ninguém pode servir ao seu corpo e à Alma superior, e cumprir com suas obrigações familiares e deveres universais, sem privar um ou outro de seus direitos; pois ou ele dará ouvidos à "ainda pequenina voz" e falhará em ouvir os apelos de seus pequeninos, ou ouvirá apenas os desejos destes e permanecerá surdo à voz da Humanidade. Isso seria uma luta incessante e enlouquecedora para quase todo homem casado que estivesse procurando o *verdadeiro* Ocultismo prático, em vez de sua filosofia *teórica*. Pois ele encontrar-se-ia sempre hesitante entre a voz impessoal do divino amor pela Humanidade, e a do amor terreno, pessoal. E isso só poderia conduzi-lo a falhar em um ou outro, ou talvez em ambas as obrigações. Pior do que isso. Pois, *quem quer que seja indulgente, uma vez que tenha comprometido a si mesmo* com o OCULTISMO, na gratificação de luxúria e amor terrenos, sentirá quase imediatamente um resultado: será irresistivelmente arrastado do estado impessoal divino para o plano inferior da matéria. A autogratificação sensual, ou mesmo mental, envolve a perda imediata dos poderes de discernimento espiritual; a voz do MESTRE não pode mais ser distinguida daquela das paixões pessoais, *ou mesmo da voz de um Dugpa*; o certo do errado; a firme moralidade do mero casuísmo. O fruto do Mar Morto assume a mais gloriosa aparência mística, apenas para se tornar cinzas nos lábios e fel no coração, resultando em:

"Profundeza mais que profunda, treva mais que escura;
A insensatez pela sabedoria, a culpa pela inocência;
A angústia pelo êxtase, e pela esperança, o desespero."

E uma vez estando enganados e tendo agido segundo seus erros, a maioria dos homens recusa-se a reconhecer os seus erros, e assim descem, afundando-se cada vez mais baixo na lama. E muito embora seja a intenção que determina primariamente se a prática é de magia *branca* ou *negra,* ainda assim os resultados, mesmo da feitiçaria involuntária e inconsciente não deixarão de produzir mau carma. Muito já se falou para mostrar que *feitiçaria é qualquer tipo de influência maléfica* aplicada em outras pessoas, fazendo com que sofram ou façam outras pessoas sofrerem, por consequência. O carma é uma pedra pesada lançada sobre as plácidas águas da vida; e tem de produzir círculos cada vez mais amplos, que se expandem mais e mais, quase *ad infinitum*. Tais causas, uma vez produzidas, terão de gerar efeitos, e estes evidenciam-se nas justas leis de Retribuição.

Muito disso poderia ser evitado se as pessoas apenas se abstivessem de partir para práticas cuja natureza ou importância elas não compreendem. Não se espera que alguém carregue um fardo além de suas forças e capacidades. Existem “magos de nascença”; Místicos e Ocultistas de nascimento, por direito de herança direta de uma série de encarnações e eons de sofrimentos e fracassos. Estes são “à prova de paixões”, por assim dizer. Nenhum fogo de origem terrena pode inflamar quaisquer de seus sentidos ou desejos, nenhuma voz humana pode encontrar resposta em suas almas, exceto o grande clamor da Humanidade. Apenas estes podem ter certeza do sucesso. Mas somente podem ser encontrados em lugares distantes e ermos, e eles passam pelas estreitas portas do Ocultismo porque não carregam qualquer bagagem de sentimentos humanos transitórios consigo. Livraram-se do sentimento da personalidade inferior, paralisaram desse modo o animal "astral ", e assim a porta de ouro, conquanto estreita, se abre ante eles. Tal não ocorre com aqueles que ainda precisam carregar por várias encarnações os fardos dos pecados cometidos em vidas prévias, e mesmo em suas vidas atuais. Para esses, a não ser que prossigam com grande cuidado, a porta de ouro da Sabedoria pode ser transformada na porta larga, "o espaçoso caminho que conduz à perdição"[76], e por isso "muitos são os que entram por ele". Esta é a Porta das Artes Ocultas, praticadas por motivos egoístas e sem contar com a moderadora e benéfica influência de *ĀTMA-VIDYĀ* . Estamos no período de *Kali Yuga*, e sua influência fatal é mil vezes mais poderosa no Ocidente do que no Oriente; daí as

---

[76] Mateus, 7:13.

presas fáceis dos Poderes da Idade das Trevas neste conflito cíclico, e as muitas ilusões com as quais o mundo está agora labutando. Uma destas, é a relativa facilidade com que os homens fantasiam poder alcançar o "Portal" e atravessar o umbral do Ocultismo sem qualquer grande sacrifício. É o sonho da maioria dos teósofos, sonho inspirado pelo desejo de poder e pelo egoísmo pessoal, e não são tais sentimentos que poderão conduzi-los à meta desejada. Pois, como bem enunciado por aquele que se crê ter sacrificado a si mesmo pela Humanidade – "estreita é a porta e apertado é o caminho que conduz à vida eterna", e portanto "poucos são os que o encontram".[77] Tão apertado na realidade, que à simples menção de algumas das dificuldades preliminares, os apavorados candidatos ocidentais viram as costas e recuam tremendo...

Que parem por aqui e não façam mais tentativas em sua grande

[77] Mateus, 7:14.

fraqueza. Pois, se enquanto viram as costas à porta estreita eles são arrastados por seu desejo pelo Oculto, um passo que seja na direção da Porta espaçosa e mais convidativa daquele mistério dourado que brilha na luz da ilusão, pior para eles! Só podem ser levados aos domínios inferiores do estado de *Dugpa*, e certamente logo encontrar-se-ão naquela *Via Fatale* do *Inferno,* por sobre cujos portais Dante gravou essas palavras:

"Per me si va nella città dolente
Per me si va nell' eterno dolore
Per me si va tra la perduta gente..."[78]

[78] ALIGHIERE, Dante. *A Divina Comédia.* Canto 3 : "Por mim se entra no reino das dores; por mim se chega ao padecer eterno; por mim se vai à condenada gente". (N. ed. bras.)

Mais informações sobre Teosofia e o Caminho Espiritual podem ser obtidas escrevendo para a Sociedade Teosófica no Brasil no seguinte endereço: SGAS, Quadra 603, Conj. E, s/n°, CEP 70.200-630 Brasília, DF. O telefone é (61) 3226-0662. Também podem ser feitos contatos pelo telefax (61) 3226-3703 ou e-mail: st@sociedadeteosofica.org.br.